Le diable est dans les détails

La collection *Le 1 en livre*
est dirigée par Éric Fottorino

L'intégralité de ces textes a été publiée par *Le 1*.
www.le1hebdo.fr

© Le 1/ Éditions de l'Aube, 2017
www.editionsdelaube.com

ISBN 978-2-8159-2144-2

Leïla Slimani

Le diable
est dans les détails

éditions de l'aube

Avant-propos
La voix des écrivains

Chaque semaine depuis son lancement en avril 2014, notre hebdomadaire *Le 1* fait entendre la voix singulière d'un écrivain pour donner le « la » du thème unique traité par la rédaction. Que nous abordions une question politique ou sociale, un thème français ou international, c'est la littérature que ce journal met en avant pour colorer l'époque, lui donner son sens, sa profondeur, son esthétique comme ses cris de révolte. Après quelque 130 numéros parus, nous avons décidé avec l'éditeur Jean Viard de prolonger dans le temps ce dialogue des écrivains avec le réel. Quoi de mieux qu'un livre pour poursuivre le combat des idées et des mots, pour conforter cette intuition que les grands textes d'écrivains sont toujours d'actualité. Lancé sous les auspices de J. M. G. Le Clézio qui nous offrit dès notre premier numéro une vision inspirée autant que critique de notre pays, sous le titre *La France fait-elle encore rêver?*, *Le 1* a creusé son sillon de journal d'écrivains et de poètes qui viennent apporter leurs visions propres à côté des analyses de chercheurs issus de toutes les disciplines des sciences humaines et parfois des sciences exactes : Cédric Villani et ses collègues astrophysiciens de l'institut Poincaré ont aussi colonne ouverte au *1* !

Pour inaugurer cette nouvelle collection, nous avons décidé de rassembler les textes écrits par Leïla Slimani pour notre journal dès octobre 2014. Six petits bijoux, chacun doté d'une force qui impressionne, servis par une plume déliée, un regard tout en finesse, qu'il s'agisse de courtes nouvelles à la Tchekhov – *Le diable est dans les détails* – ou de textes engagés : ainsi *Intégristes je vous hais*, rédigé dans l'urgence et la rage au lendemain des attentats du 13 novembre 2015.

Remarquée pour son premier roman, *Dans le jardin de l'Ogre*, paru chez Gallimard, Leïla Slimani a depuis obtenu un immense succès de librairie doublé de la consécration la plus prestigieuse en recevant le prix Goncourt 2016 pour son roman *Chanson douce* (Gallimard). Nous vous proposons ici de mieux connaître les multiples facettes d'une jeune auteure dont la voix n'a pas fini de nous interpeller, tantôt par un murmure, tantôt par un cri.

Éric Fottorino
Directeur de l'hebdomadaire *Le 1*

Le diable
est dans les détails

8 octobre 2014[*]

---

* *Le 1* n° 27 : Réflexions sur la question musulmane.

En vieillissant, Amine Moussa est devenu peureux. Lui, le professeur d'université, aimé et respecté de tous, est sujet aux angoisses et à l'insomnie. Cela fait rire sa femme. Atika se moque de sa paranoïa. Elle le soupçonne de mal vivre l'approche de la soixantaine. Elle ne le comprend pas.

Dans la rue, Amine sursaute sans raison. Il s'est mis à parler tout seul. Il est mal partout. Chez lui, où il ne peut plus supporter la présence de la femme de ménage. Il déteste cette vieille fille, son regard torve, sa bouche amère. Elle raconte fièrement que son frère est parti pour Damas, qu'il leur envoie de l'argent gagné au combat. Beaucoup d'argent. Elle remercie Dieu, les paumes levées vers le ciel, d'avoir guidé son frère dans la voie du djihad. Il y a une semaine, elle a prévenu

Amine : « Monsieur, je ne peux plus vous servir si vous buvez de l'alcool. Si je touche une bouteille, Dieu m'interdira l'entrée au paradis. » Il a eu envie de lui demander dans quel texte elle était allée chercher une bêtise pareille, mais il n'a pas osé. Un soir, il l'a surprise en train de brûler une allumette sous les yeux de leur fille. « Tu vois, tes parents et toi, vous allez brûler dans les flammes de l'enfer, comme tous les mécréants qui méprisent les enseignements de l'islam. » Quand il s'en est plaint, Atika a haussé les épaules : « Oh, mais arrête avec ça. Elle est un peu illuminée, c'est tout. Je ne sais pas pourquoi tu donnes tant d'importance à ces détails. Tu exagères. »

C'est l'âge sans doute qui nourrit son inquiétude. Mais il ne peut s'empêcher de les voir, ces détails qui pourrissent le quotidien, qui alimentent son malaise et l'emplissent de peur et de honte. Après le dîner, il ramasse les cadavres de bouteilles d'alcool, les cache dans des sacs poubelles et il roule deux kilomètres avant de les jeter dans une benne. C'est qu'il craint une dénonciation du gardien de sa rue, ce rouquin qui s'est laissé pousser la barbe et qui traite de putes et de chiennes les élèves du lycée privé. « On devrait les marier de gré ou de force, n'est-ce pas, professeur ? » Amine ne répond pas. Amine ne dit rien.

Il se tait quand il s'assoit à côté d'un chauffeur de taxi qui écoute les cassettes d'un prédicateur saoudien. Il l'entend cracher sa haine des juifs et des infidèles et applaudir à la fatwa qui autorise à assassiner tous ceux qui renoncent à l'islam. Amine ne veut pas d'histoires. Il paye sa course et il s'en va.

Atika dit qu'il dramatise. Qu'il y a des fous partout, que ça ne veut rien dire. Certes, elle était furieuse quand la maîtresse a giflé Mina, leur fille, parce qu'elle avait osé remettre en cause un verset du Coran. « J'ai seulement dit qu'une araignée ne pouvait pas tisser en une heure une toile assez grande pour protéger la grotte dans laquelle s'est réfugié le Prophète. »

Il n'a plus été question de détails quand une « brigade de promotion de la vertu et de prévention du vice » s'est constituée

dans le quartier. « Qu'est-ce que tu dis
de ça ? » hurlait Amine en agitant sous le
nez de sa femme une coupure de journal.
Ces fous de Dieu, armés de couteaux et
de bâtons, s'en sont pris à un groupe de
jeunes qu'ils ont battus à mort. Parce qu'ils
sortaient le soir, parce qu'ils ne priaient
pas ou qu'ils buvaient de l'alcool. Personne
ne sait vraiment.

Amine a changé. Il est devenu sombre.
Les voiles l'obsèdent, ces remparts de nylon
noir qui ont envahi les amphithéâtres où
il enseigne, la plage où il conduit sa fille,
les cinémas où l'on coupe les scènes de
baisers les plus tendres. Il a envie de faire
taire ceux qui se sont mis à invoquer Dieu,
le diable, la charia et l'honneur sacré des
femmes de ce pays.

Il ne veut pas verser, comme son vieux
collègue Hamid, dans la nostalgie béate.
Il se refuse à idéaliser son enfance, à
raconter la coexistence paisible avec les
voisins juifs, les minijupes des filles et les
idéaux marxistes sur les bancs de la fac.
Il ne dira pas qu'il n'entendait, à l'époque,
jamais parler de religion. Que son père

priait sans doute mais avec tant de discrétion qu'il ne se souvient pas de l'avoir déjà vu à genoux.

Atika est si douce. Elle arrive parfois à le rassurer, à lui ouvrir les yeux sur la beauté qui les entoure. Elle aime l'ambiance festive des derniers jours de ramadan. Et c'est pour lui faire plaisir qu'il fait un détour, ce soir, par le quartier El-Manar. Il s'arrête à la boulangerie Nour pour acheter les crêpes farcies dont elle raffole et des sucreries pour Mina.

Les gens font la queue jusque dans la rue. On se bouscule. On s'impatiente. Une femme se poste derrière Amine. Il la voit arriver, son joli visage encadré d'un voile mauve. Elle le regarde avec insistance. Elle piétine. S'approche de lui au point de lui marcher sur les pieds. « C'est peut-être une étudiante », pense-t-il. Une jeune femme qui a assisté à ses cours mais dont il ne se souvient plus. À présent, il peut presque sentir ses seins contre son dos, son souffle chaud dans son cou. Il doit se faire des idées. Une femme si belle, si jeune, ne peut pas s'intéresser à lui. Elle sort de la file. Elle lui fait face désormais, approche son visage du sien. Il s'apprête à l'aborder quand elle se met à hurler, en le montrant du doigt : « Il a fumé ! Lui, là, il a fumé ! Il a rompu le jeûne, il sent la cigarette. » Les clients s'agitent. Derrière la caisse, la boulangère appelle au calme. Amine hausse les épaules dans un geste d'impuissance. Il marche à reculons. Des hommes s'approchent de lui. On l'insulte, on prend Dieu à témoin. Quelqu'un tire sur sa veste. Il court.

Une armée de plumes

19 janvier 2015[*]

Après la tuerie perpétrée par Mohamed Merah, quand *Le Monde des livres* a demandé à l'écrivain Salim Bachi de se mettre dans sa tête et d'écrire un texte de fiction, celui-ci a provoqué des réactions très vives. « Indécent », disaient certains. « Inopportun », « immonde », « scandaleux », « une faute morale » se sont écriés lecteurs anonymes et intellectuels. Quelques jours après le carnage de *Charlie Hebdo*, on m'a proposé le même exercice et je m'y suis essayée. Avec sincérité, avec une véritable envie de comprendre ce qui s'est délité dans l'esprit de ces jeunes assassins. Je me suis documentée, j'ai écrit quelques lignes. Et j'ai renoncé. Non pas parce que j'ai peur des critiques. Pas parce que je suis lâche ou que je considère certains sujets comme tabous. Mais parce qu'il m'était impossible, en quelques heures, alors même que la France vivait des moments d'émotion et de recueillement intenses, de me livrer à un tel exercice. Ce portrait, si je dois l'écrire un jour, devra naître d'une véritable nécessité, d'une envie irrésistible d'affronter ce défi.

Aux essayistes, comme aux écrivains, va bientôt revenir la tâche de prendre de la distance. De faire quelques pas en arrière pour apprécier ce qui se passe. Parce qu'elle est un immense espace de liberté, où l'on peut tout dire, où l'on peut côtoyer le mal, raconter l'horreur, s'affranchir des règles de la morale et de la bienséance, la littérature est plus que jamais nécessaire. Elle ramène de la complexité et de l'ambiguïté dans un monde qui les rejette. Elle peut ausculter, sans fard et sans complaisance, ce que nos sociétés produisent de plus laid, de plus dangereux et de plus infâme. Elle demande du temps dans un monde où tout est rapide, où l'image et l'émotion l'emportent sur l'analyse. Mais pour jouer pleinement son rôle, elle doit être à la hauteur d'elle-même et de ces idéaux.

« *La littérature est l'essentiel ou n'est rien. Cette conception ne commande pas l'absence de morale, elle exige une "hypermorale"* », écrivait Georges Bataille.

Quelques jours à peine avant la tuerie de *Charlie Hebdo*, c'est l'écrivain Michel Houellebecq, et son livre *Soumission*, qui faisaient la une de la presse. Encore une preuve que la France est un pays où les écrivains comptent. Encore une preuve que la littérature est un espace de libre expression, que l'on soit ou non d'accord avec les propos que tient l'auteur. Qualifié de provocateur, d'apprenti sorcier, d'islamophobe, mais aussi d'immense écrivain ou de visionnaire, Houellebecq a suscité un débat très vif. Une question surgit alors : qu'en est-il de la responsabilité en littérature ? Un écrivain a-t-il à se montrer « responsable » face à la situation géopolitique d'un pays, face aux événements ? Doit-il s'autocensurer s'il sait que son propos risque d'embraser une société déjà à vif ? Je ne le crois pas.

Un homme comme Salman Rushdie doit-il être considéré comme irresponsable ? Évidemment non. Faut-il accuser Kamel

Daoud, menacé lui aussi par une fatwa, de mettre de l'huile sur le feu pour avoir osé dire ce qu'il pense du dévoiement de l'islam ? Certainement pas. Le grand écrivain égyptien, Alaa El-Aswany, attaqué deux fois, physiquement, par les Frères musulmans au Caire, ne serait-il qu'un provocateur ? C'est parce qu'elle peut tout dire que la littérature est un exercice si difficile. C'est parce qu'elle ne peut se contenter de pensées schématiques, de généralités, de clichés, qu'elle est importante et essentielle.

Responsable, non, mais honnête, oui. Houellebecq, s'il est évidemment libre d'écrire ce qu'il veut, a tort de se cacher derrière une fausse position de neutralité. Avec nonchalance, il affirme que jamais un roman n'a changé le cours de l'histoire. Il a peut-être raison. Mais je reste persuadée que les lecteurs, eux, le peuvent. Si les romans ne changent pas le monde, ils modifient substantiellement la vision que l'on en a. Ils la questionnent, l'affinent, ils interrogent ce que l'homme sait du fait d'être. Lors des immenses manifestations

qu'a connues la France le 11 janvier, com-
bien d'anonymes, ici ou ailleurs dans le
monde, tenaient à la main des livres de
Voltaire, de Victor Hugo, d'Émile Zola,
comme autant de signes que ces œuvres-là
avaient, elles aussi, contribué à faire la
France d'aujourd'hui ?

À la sortie de mon roman, j'ai eu la
faiblesse d'aller regarder ce qu'en disaient
les réseaux sociaux. J'ai été atterrée par
les messages haineux que me lançaient
des contributeurs, clairement proches
de l'idéologie islamiste. Au-delà de
ce que je représente et de ce sur quoi
j'écris, indépendamment du fait que je
suis à leurs yeux une femme maghrébine
vendue à l'Occident et une mécréante,
mon plus grand crime pour eux était
d'avoir écrit un roman. « Il y a un seul
livre », s'insurgeaient-ils. « La littérature,
c'est la glorification du mensonge. »
Ces fanatiques, ces barbares, incultes et
ignorants, n'ont qu'un livre à brandir,
et ils l'ont mal lu. Dans le monde arabe,
on compte 60 millions d'illettrés sur
une population de 280 millions. Selon

l'ALESCO (Organisation arabe pour l'éducation, la culture et les sciences), chaque habitant ne consacre que six minutes par an à la lecture d'un livre, et la grande majorité des livres édités parlent de religion. Tous les dictateurs arabes le savent bien : en éduquant les hommes, on prend le risque qu'ils vous renversent. Et qu'ils défilent un jour, un stylo à la main.

En attendant le Messie

16 septembre 2015[*]

---

[*] *Le 1* n° 74: Sunnites-Chiites, le grand choc.

Sur les hauteurs de Tanger, dans un quartier d'où l'on voit à la fois la mer et l'océan, vivait un sage du nom de Hamid. L'homme, pieux et âgé, avait grandi dans la crainte de Dieu et dans le respect des hommes. Tout comme son père avant lui, il se pliait chaque jour avec ferveur et modestie au rite des cinq prières. Et quand les drames vinrent le frapper, que sa femme mourut et qu'il perdit son travail, c'est dans le saint Coran qu'il trouva une consolation à son chagrin.

Un soir qu'il remontait la rue principale du quartier, il entendit des jeunes hurler à la terrasse d'un café : « Messi ! Messi ! » Le vieux s'inquiéta de cette agitation et crut qu'une bagarre était sur le point d'éclater. Dans la foule, il reconnut son neveu Karim, un garçon inculte et sans ambition dont ce café miteux était le quartier général. Debout, les bras en l'air, il semblait possédé.

« Que se passe-t-il ? lui demanda alors Hamid.

— Grand-père, regarde, dit-il en désignant la télévision posée sur le comptoir. Notre nouveau héros : Messi a marqué un but contre l'Iran.

— Ah », sourit Hamid.

Il s'apprêtait à continuer son chemin quand son neveu le prit par l'épaule et le força à s'asseoir :

« Tu n'es pas heureux de cet exploit ?

— Et en quoi est-ce que cela nous concerne ? s'inquiéta le vieux.

— Tout ce qui porte atteinte à ces ayatollahs chiites nous concerne. Tu ne sais donc pas tout le mal que ces chiites font à l'islam ? Ces gens-là sont des hérétiques et des adorateurs de Satan. Tu ignores qu'ils insultent à longueur de journée la femme du Prophète et les califes ? Pour Achoura, pendant que nous offrons des cadeaux aux enfants et que nous festoyons en famille, eux se flagellent en pleine rue jusqu'au sang, avec des fouets et des épées. Jamais Allah ne permettrait ça. Les chiites ne sont pas des musulmans, un point c'est tout. Ce sont des étrangers à la vraie foi. Et je rougis de te le dire mais ce sont des fornicateurs. »

Le vieil homme écarquilla les yeux.

« Oui, parfaitement! s'emporta son neveu. Ces chiens autorisent des mariages de quelques heures pour s'adonner à leurs penchants lubriques. Ils échangent parfois leurs femmes pour satisfaire leurs fantasmes. Dieu nous protège de ces hérétiques. » Karim cracha par terre et se dirigea vers le fond de la salle, où les jeunes buvaient des bières à l'abri des regards.

Hamid hochait la tête, en proie au doute. Ce Karim, décidément, était prompt à s'enflammer et à donner foi aux discours les plus absurdes. Il prit appui sur sa canne pour se lever quand le patron du café vint le saluer.

« Si Hamid, mes respects. Vous avez vu cette jeunesse? Des bons à rien, qui n'ont plus aucune valeur. J'ai entendu ce que disait votre neveu et sachez qu'il fait fausse route. Il ne devrait pas insulter des musulmans de la sorte. Car les chiites sont des musulmans : ils prient face à La Mecque et ils adorent notre prophète Mohamet, que la paix soit sur lui. Certes, ils se sont éloignés du droit chemin et ils sont manipulés par ces enturbannés aux yeux déments. Mais il est de notre devoir de les ramener dans notre giron car nous avons le même ennemi : les juifs et l'Occident décadent. C'est l'Amérique qui nous divise, pour mieux nous dominer. » Et il cracha par terre, sous les yeux dégoûtés du vieillard.

Hamid se leva sans regarder derrière lui. Sur le chemin, il repensa à son père qui enseignait à l'école du quartier et qui connaissait les rites soufis et les fables de l'ancien temps. Il lui avait raconté qu'en Perse, pays dont Hamid ignorait alors tout, les hommes priaient pour l'avènement d'un *Mahdi*. « Un jour, à la fin des temps, régnera la justice et les régimes despotes seront abolis. La paix sera éternelle et le loup mangera près de l'agneau.

Les femmes ne seront plus battues ni violées. Sur terre, la violence et la misère auront disparu et tous ceux qui tuent et commettent des horreurs au nom de la religion seront punis. Il n'y aura plus qu'une seule religion et qu'une seule humanité. »

Ce rêve était-il un rêve impie ? Avait-il péché en souhaitant une telle issue pour le monde ?

L'homme arriva enfin devant sa porte où sa fille Amina l'attendait, le visage inquiet.

« Où étais-tu ? Il est très tard. »

Elle l'accompagna dans sa chambre et lui servit un thé brûlant. Elle l'aida à s'installer mais son père paraissait absent, préoccupé.

« Que se passe-t-il, mon père ? Qu'est-ce qui t'inquiète ? »

Assis contre le mur, les yeux mi-clos, il raconta à sa fille ce qu'il avait entendu. Les paroles du patron de café, la véhémence de son neveu Karim.

« Ah, dit le vieux en se grattant le menton. Quelle époque, ma fille ! Si c'est

ça la modernité, très peu pour moi.
À présent, il y a autant de musulmans que
de marques de voitures. Et chacun pense
qu'il vaut mieux que les autres. De mon
temps, ça n'existait pas. Il y avait bien
les juifs, qui étaient différents. Et encore,
est-ce qu'on ne célébrait pas les fêtes avec
eux? Est-ce qu'on ne disait pas Sidna
Moussa par respect pour leur prophète?
Quelle époque. »

Intégristes,
je vous hais

18 novembre 2015[*]

* *Le 1* n° 83 : Résister à la terreur.

Quand j'étais enfant, au Maroc, nous apprenions le Coran à l'école. Une partie de l'après-midi était consacrée à réciter, par cœur, des passages du livre saint. Pour être tout à fait honnête, j'ai presque tout oublié. Ne me restent que quelques litanies, dont je ne connais même pas le sens. Et je m'en fiche. Mais ce que je n'ai pas oublié, c'est ce jour où notre maîtresse nous a raconté l'histoire de l'araignée qui, pour protéger Mohammed de ses ennemis, a tissé une toile devant la grotte où s'était réfugié le prophète. J'avais huit ans, des parents humanistes et amateurs de débats. Je me suis levée et j'ai dit : « Mais c'est impossible ! Une araignée ne peut pas faire une telle chose, en si peu de temps. » La maîtresse s'est avancée vers moi et elle m'a giflée. « Tu devrais avoir honte d'insulter ainsi Dieu et ton prophète. »

Quand je suis rentrée à la maison, j'ai raconté cette histoire à mes parents. J'étais sûre d'être consolée, peut-être même d'être vengée. Mes parents m'ont punie. « Tu dois comprendre qu'il faut parfois se taire. Ne pas provoquer. Tu as le droit de penser ce que tu veux mais garde-le pour toi. Avec eux, on ne discute pas. » Mes parents aimaient Voltaire et les Lumières, mais ils aimaient sans doute encore plus leurs enfants. Ils avaient peur. Ils avaient tort.

Après l'horrible carnage qu'a vécu Paris, on hésite à parler, à écrire. Surtout, ne pas dire de bêtises dans un monde qui crève déjà de l'ignorance et de la haine. Ne pas faire la leçon, à l'heure où certains luttent pour rester en vie et où d'autres pleurent leurs morts. Qu'écrire alors ? S'il faut employer des mots, assurons-nous qu'ils ne soient pas creux. Car c'est de cela aussi que l'on meurt : de trop de tiédeur, trop de compromissions, trop de cynisme. Notre monde, et en particulier nos dirigeants, manquent de clarté, de cohérence, d'intransigeance.

Force est de constater que la realpolitik
ne nous protège pas. Nos ennemis rient
de nos calculs à la fois vains et minables.
Ils veulent de toute façon notre anéantis-
sement. À mourir pour mourir, sur des
terrasses ou en écoutant de la musique,
mourons au moins en défendant ferme-
ment nos convictions. Je ne suis ni stra-
tège ni idéologue. Je ne sais pas comment
on combat une telle menace. Je n'ai pas
de solutions. Nous sommes tous perdus.
Mais je suis certaine qu'il faut plus que
jamais croire en notre mode de vie, en
notre liberté, et lutter contre l'idéologie
immonde de ces tueurs. Nous le devons à
ceux qui, hier, ont été tués.

Je n'ai qu'une chose à dire aux barbares, aux terroristes, aux intégristes de
tout poil : je vous hais. Nous nous devons
d'être entiers, d'avoir du panache. D'être
vraiment français. Nous devons le dire à
nos prétendus alliés saoudiens, qataris,
et à tous les pays musulmans où chaque
jour gagnent du terrain les conservateurs,
les arriérés, les misogynes. Le dire à ceux
qui achètent nos armes, dorment dans le

confort de nos palaces et sont reçus sur le perron de nos institutions. Comment expliquer à nos enfants que nous combattons les barbares alors que nous nous allions à des gens qui crucifient des opposants et lapident des femmes ? Comment leur expliquer que nous sommes tués pour nos valeurs de liberté, de féminisme, de tolérance, d'amour de la vie humaine quand nous-mêmes nous nous révélons incapables de défendre ces valeurs ?

Arrêtons de nous cacher derrière un pseudo-respect des cultures, dans un relativisme écœurant qui n'est que le masque de notre lâcheté, de notre cynisme et de notre impuissance. Moi, née musulmane, Marocaine et Française, je vous le dis : la charia me fait vomir.

Je n'ai jamais été nationaliste ni religieuse. J'ai toujours fui les mouvements grégaires. Mais Paris est ma patrie depuis le jour où je m'y suis installée. C'est là que je suis devenue une femme libre, là que j'ai aimé, que j'ai été ivre, que j'ai connu la joie, que j'ai eu accès à l'art, à la musique, à la beauté. À Paris, j'ai appris la passion de vivre.

« *Qu'une telle ville,* écrivait Victor Hugo, *qu'un tel chef-lieu, qu'un tel foyer de lumière, qu'un tel centre des esprits, des cœurs et des âmes, qu'un tel cerveau de la pensée universelle puisse être violé, brisé, pris d'assaut, par qui ? par une invasion sauvage ? cela ne se peut. Cela ne sera pas. Jamais, jamais, jamais ! Paris triomphera, mais à une condition : c'est que vous, moi, nous tous qui sommes ici, nous ne serons qu'une seule âme ; c'est que nous ne serons qu'un seul soldat et un seul citoyen, un seul citoyen pour aimer Paris, un seul soldat pour le défendre.* »

Aujourd'hui, plus que jamais, je mesure la beauté de ma ville. Cette ville, je ne l'échangerais contre aucun des paradis que les fous de Dieu promettent. Vos fontaines de lait et de miel ne valent pas la Seine. Paris pour qui je serai un soldat. Paris, qui est tout ce que vous haïssez. Un mélange sensuel et délicieux de langues, de peaux et de religions. Paris où l'on s'embrasse à pleine bouche sur les bancs, où l'on peut entendre au fond d'un café une famille se déchirer pour des opinions politiques et finir sa soirée en trinquant à l'amour. Cette nuit, nos théâtres, nos musées, nos bibliothèques sont fermés. Mais demain ils ouvriront à nouveau et c'est nous, enfants de la patrie, mécréants, infidèles, simples flâneurs, adorateurs d'idoles, buveurs de bière, libertins, humanistes, qui écrirons l'histoire.

Paris, 14 novembre 2015

Française,
enfant d'étrangers

6 janvier 2016[*]

J'ai grandi au Maroc, je suis née musulmane et tous les ans, j'ai fêté Noël dans une grande maison blanche, à la campagne, entre Meknès et Fès. À table, toutes les religions et toutes les générations étaient représentées. C'est assez frappant d'ailleurs. Pensez-y : pendant la Seconde Guerre mondiale, mon oncle était un enfant juif réfugié dans un village où des Français résistants l'ont protégé. Ma grand-mère, Alsacienne et germanophone, était cachée en Suisse. Mon grand-père, musulman et Algérien, était officier dans l'armée coloniale. Mais ce soir-là, ils partageaient tous le même repas. Il n'était pas question de religions, de croyances ou de nationalité. Mon grand-père, qui était très pieux, ne voyait pas de contradiction à faire le ramadan et à se déguiser en père Noël. Bien sûr, nous nous disputions. Certains se sont échauffés. Il y a eu des larmes et des cris. Mais on ne quittait pas la table. On était ensemble. Réunis.

Cette année, en Normandie, au milieu des rires et des discussions, je me suis demandé ce que ma génération allait être capable de faire de ce monde. Serons-nous à la hauteur de ceux qui se sont battus pour pouvoir fêter Noël ensemble ? Saurons-nous nous définir par autre chose que nos dieux, nos origines ? Faudra-t-il encore et toujours prouver nos allégeances ?

Je suis l'enfant de tous ces étrangers et je suis Française. Je suis une immigrée, une Parisienne, une femme libre, persuadée qu'on peut s'affirmer soi-même sans nier les autres. Que la nationalité n'est ni une gloire, ni un mérite. Qu'il y a de la joie à vivre ici et maintenant. Voilà à quoi je voudrais que ressemble la France de 2016 : à ces repas de Noël joyeux et interminables, où chacun avait sa place, où l'on ne jugeait ni l'ivresse des uns ni la liberté de ton des autres. Où les vieux ne riaient pas des discours des plus jeunes, où les blasphémateurs amusaient toute l'assemblée. Où à la fin ne subsistait que la conscience du privilège d'être ensemble dans un monde où tout, pourtant, s'emploie à nous désunir.

Un ailleurs

été 2016[*]

* Texte paru dans le recueil de nouvelles du *1* sur l'ailleurs, hors-série été 2016 avec *La Grande Librairie*, France 5.

Les après-midi lui paraissaient interminables. Son père faisait la sieste et comme il avait le sommeil léger, il exigeait un silence total. Le moindre bruit de pas, le plus infime chuchotement suffisaient à le réveiller. Une ou deux fois, Rim en avait fait l'expérience. Elle avait été punie, confinée dans sa chambre jusqu'au dîner. L'après-midi, sa mère n'était pas là. Les femmes de ménage travaillaient à la buanderie. Lorsque Rim était encore petite, les femmes la prenaient avec elles. Elles la couchaient sur les draps humides et l'enfant faisait la sieste dans les vapeurs de fer à repasser. Et puis, elle est devenue trop grande, trop bavarde, trop indocile et elles l'ont expulsée de leur monde. Elles lui ont dit d'aller jouer ailleurs. De se trouver une occupation.

Rim ne pouvait pas sortir de la grande maison que son père avait fait construire dans un quartier éloigné de la ville, au bout d'une avenue déserte. C'était une bâtisse froide, anguleuse, où de grandes baies vitrées tenaient lieu de murs. Ils n'avaient pour voisins que des ouvriers de chantier, qui dormaient sous les échafaudages et qui faisaient peur à l'enfant. Elle ne marchait jamais sur cette avenue. Personne n'aurait voulu l'accompagner, il n'y avait rien à y faire. Et de toute façon, les jeunes filles, lui disait-on, ne se promènent pas dans les rues.

Rim collait son front contre les vitres. Elle regardait passer les heures, comme un albatros enfermé dans une petite cage. Elle voulait que le temps passe, que la vie commence. Elle pressentait qu'autre chose était possible. C'est à cet âge-là, vers treize ou quatorze ans, qu'elle a commencé ses voyages. Elle avait poussé son lit contre la fenêtre pour profiter de la lumière du jardin. Elle entendait le bruit du vent dans les feuilles de peuplier. Elle s'asseyait, le dos contre le mur, les jambes tendues, et le voyage commençait. Elle allait en Russie. Elle a marché sur la perspective Nevski au bras d'un poète qui mourait de faim. Elle a dormi dans des appartements misérables, loués par des logeuses bossues et avares. Elle a bu des litres de thé et de vodka, croqué dans des oignons crus et dans des concombres au goût aigre. Elle a attendu sur le pont Anitchkov un rendez-vous qui n'est jamais venu. Elle qui n'avait jamais vu la neige a senti sous ses bottes le sol gelé d'un champ de bataille. Un matin, sous un ciel violet, elle a pris un bateau sur la Volga. Elle a voyagé en train, en voiture, à cheval. Devant elle, le fleuve Amour. Rim était bagnard, paria, ennemi du peuple. Les membres brisés, les mains couvertes d'engelures, elle a construit une route que personne n'a jamais empruntée.

La vie, parfois, venait brouiller ses rêves. « À table », « en route », « lève les yeux de ton livre ». Dans la cour d'école, ses camarades jouaient. Ils n'entendaient pas le hurlement de la locomotive, la stupeur de la foule, la voix fluette du petit marchand de kvass. Ils ne comprenaient rien du chagrin de Rim. Anna Karénine était morte et Rim portait le deuil. Elle marchait, comme sous l'effet d'une drogue. La réalité paraissait sale, banale, confuse. Son âme était tout entière remplie d'une langueur étrange, de sentiments jamais vécus, trop grands pour elle, mais dont elle avait une intuition aiguë. L'enfance sans relief, sans heurt, faite de silence et de répétitions, s'était peuplée de rêves. Elle s'était fait des amis qui ne pouvaient pas trahir et qui ne mentaient jamais.

Son père ne travaillait pas. Elle savait qu'il s'ennuyait, qu'il était amer, que cette vie ne lui était rien. Tous les jours, il était assis à la même place sur le canapé rouge et blanc, dont l'accoudoir était noirci par la fumée de ses cigarettes. Face à lui, sur la table, par terre, entre les coussins, il y avait des piles de livres auxquels personne n'aurait osé toucher. Un jour, il lui en a tendu un, comme on lance une balle à un chien. Pour la faire taire, pour l'éloigner. Ce jour-là, elle a découvert l'Amérique. De New York à la Californie, elle a traversé le continent. Elle a aimé, surtout, son Sud poisseux, le nom magique d'Alabama. Les Nègres de Faulkner, les bals tristes de Fitzgerald. Elle voyait se dessiner les frontières de l'Ouest. Ses narines s'emplissaient de la poussière que soulèvent les sabots des chevaux. Chaque jour, elle revenait s'asseoir aux pieds de son père et il lui donnait sa pitance. Il la gavait d'histoires. Il lui offrait New York et les plaines du Montana, les rives du Pacifique, les langueurs d'Albuquerque, la mélancolie des faubourgs d'Atlanta.

Elle lisait en marchant, sur le siège de la voiture, à l'arrière d'un bus, en secret sous une table, le livre posé sur ses genoux. Elle rallumait la lumière, la nuit, bien longtemps après que sa mère était venue la border. Le matin on la trouvait pâle, fatiguée. On scrutait ses cernes bleus qui la vieillissaient et lui donnaient l'air d'avoir déjà vécu. « Cette enfant dort mal. Elle est agitée. Ce sont tous ses livres sans doute qui lui brouillent l'esprit. » À Paris, on creusait les grands boulevards. Rim buvait des bocks sur les bords de la Marne. Un homme, fou amoureux, avait loué pour elle un appartement dégoulinant de luxe. Elle était courtisane, actrice, chanteuse d'opéra. Bientôt bouffie d'alcool, elle avait donné ses derniers bijoux en gage. Elle n'avait jamais vu Paris et pourtant ses pavés lui étaient familiers. Elle connaissait par cœur le nom des boulevards, la lumière jaune des lampadaires, l'agitation des cabarets de Montmartre.

Elle a eu des amants dans tous les coins du globe, de la Chine du Nord aux hauteurs de Bahia, du Sahara aux landes d'Angleterre. Des hommes l'ont entraînée sur les bancs de Carthagène, où l'odeur des manguiers se confond avec celle de l'amour. Elle, qui avait peur de tout – de la nuit, des orages, des inconnus – a fait des guerres et des expéditions, elle a traversé des jungles et bravé des tempêtes. Elle ne craignait alors ni la fureur des animaux ni la folie des hommes.

Plus tard, bien plus tard, elle a pris des avions, elle a traversé des frontières. Elle a touché des peaux auxquelles manquait le goût de l'encre. Le monde lui a semblé à la fois familier et exotique, peuplé d'ombres blanches et de souvenirs. Rim a quitté la maison aux larges vitres, l'avenue déserte et le silence de son père. Dans les dîners mondains, couchée auprès de son mari, dans les allées des cimetières ou au jardin d'enfants, Rim parle aux fantômes. Elle cherche dans leur voix une consolation. Elle refuse que la réalité les déloge, les empêche de poursuivre, que les bavardages les étouffent. L'après-midi, il lui arrive de quitter son travail et de prendre une chambre d'hôtel. Personne ne sait qu'elle est là, assise, le dos contre le mur. Elle tend les jambes, elle cherche le bruit du vent dans les peupliers. Et elle s'en va.

Table des matières

Chez le même éditeur
(extrait)

Marc Bressant, *Le fardeau de l'homme blanc*
Breuskin, *Snowdonia Vertigo*
Bui Ngoc Tan, *La mer et le martin-pêcheur*
Bui Ngoc Tan, *Conte pour les siècles à venir*
Philippe Carrese, *Virtuoso Ostinato*
Philippe Carrese, *Retour à San Catello*
Philippe Carrese, *La Légende Belonore*
Anne Châtel-Demenge, *Comment j'ai tué le consul*
Alice Cherki, *Mémoire anachronique, Lettre à moi-même et à quelques autres*
Pierre Conesa, *Zone de choc*
Bernard Dan, *Le livre de Joseph*
Bernard Dan, *Le garçon du Rwanda*
Andréa del Fuego, *Les Malaquias*
Dong Xi, *Une vie de silence*
Dong Xi, *Sauver une vie*
Samira El Ayachi, *Quarante jours après ma mort*
Suzanne El Kenz, *La maison du Néguev*
Suzanne El Kenz, *Ma mère, l'escargot et moi*
Karen Jennings, *Les oubliés du Cap*
Julien Jouanneau, *La dictature du Bien*
Denis Langlois, *Le déplacé*
David Machado, *Laissez parler les pierres*
Ali-Reza Mahmoudi Iranmehr, *Nuage rose*
Nicole Malinconi, *Si ce n'est plus un homme*
Marine Meyer, *Et souviens-toi que je t'attends*
Anna Moï, *Nostalgie de la rizière*
Anna Moï, *Le pays sans nom*
Mohamed Nedali, *Le bonheur des moineaux*
Mohamed Nedali, *La maison de Cicine*
Mohamed Nedali, *Triste jeunesse*
Mohamed Nedali, *Le Jardin des pleurs*
Mohamed Nedali, *Évelyne ou le djihad?*
Nguyên Huy Thiêp, *Crimes, amour et châtiment*

Achevé d'imprimer en novembre 2016
sur les presses de Normandie Roto Impression s.a.s.
pour le compte des éditions de l'Aube
rue Amédée Giniès, F-84240 La Tour d'Aigues

Numéro d'édition : 2145
Dépôt légal : novembre 2016
N° d'impression : 1604997

Imprimé en France